Le Pont-Royal
sur la Seine à Paris

PAR

F. DE DARTEIN

INSPECTEUR GÉNÉRAL DES PONTS ET CHAUSSÉES EN RETRAITE
PROFESSEUR D'ARCHITECTURE A L'ÉCOLE POLYTECHNIQUE

EXTRAIT DU VOLUME II

DES

ÉTUDES SUR LES PONTS EN PIERRE

REMARQUABLES PAR LEUR DÉCORATION

ANTÉRIEURS AU XIXᵉ SIÈCLE

PARIS
LIBRAIRIE POLYTECHNIQUE CH. BÉRANGER, ÉDITEUR
SUCCESSEUR DE BAUDRY ET Cⁱᵉ
15, RUE DES SAINTS-PÈRES, 15
MAISON A LIÈGE : 21, RUE DE LA RÉGENCE, 21
1907
Tous droits réservés.

LE PONT-ROYAL

SUR LA SEINE, A PARIS

Par Jules HARDOUIN-MANSARD et frère François ROMAIN
1685-1687

Quoique le Pont Royal, nommé d'abord et longtemps Pont des Tuileries, appartienne au dix-septième siècle, il convient de nous en occuper ici, en manière d'introduction à l'étude des ponts du siècle suivant, à cause de l'influence qu'il exerça sur ceux-ci, sous le double rapport de la forme et des procédés d'exécution.

Renseignements historiques. — Le Pont Royal est situé, à peu de chose près, dans l'emplacement d'un pont de charpente, dit *Pont rouge*, construit en 1632, brûlé en 1656, rebâti en bois après cet incendie, de nouveau détruit en 1684 par une débâcle de glaces, enfin reconstruit en pierre, aux frais du Roi, de 1685 à 1687.

Les dessins du pont sont de Jules Hardouin-Mansard, l'architecte du dôme des Invalides. Les travaux furent conduits par frère François Romain[1], de

---

[1]. FRÈRE FRANÇOIS ROMAIN, né à Gand, en 1646, entra en 1672 au couvent des Dominicains, à Maëstricht. Ayant terminé, en 1684, le pont de cette ville, il fut appelé à Paris par Louis XIV, au commencement de 1685, pour diriger l'exécution du pont des Tuileries, avec le titre d'inspecteur général des travaux de ce pont. Après la retraite de Libéral Bruant, l'architecte de l'hôtel des Invalides, qui occupait la charge d'inspecteur des ouvrages des Ponts et Chaussées dans les Généralités de Paris, Rouen, Caen et Alençon, le frère Romain fut investi de cette charge dans la Généralité de Paris, le 11 novembre 1695. Des missions spéciales lui furent souvent confiées en d'autres provinces. Déchargé en 1725, à raison de son grand âge, d'une partie de son service actif, il fut admis à la retraite le 20 avril 1732, mourut le 7 janvier 1735 et fut enterré à Saint-Thomas-d'Aquin. Son épitaphe a été publiée par Tarbé de Saint-Hardouin. (*Notices biographiques sur les ingénieurs des Ponts et Chaussées.* Paris, 1884, p. 16.)

D'après GAUTHEY (*Traité des ponts*, Tome I, p. 69), le frère Romain n'aurait été appelé au pont des Tuileries qu'après le commencement des travaux, à raison de graves difficultés survenues dans la fondation de la première pile de rive droite. Mais le fait que le traitement d'inspecteur général du pont des Tuileries lui fut payé à partir du 1ᵉʳ avril 1685, c'est-à-dire trois semaines après l'adjudication du pont, prouve qu'il a dirigé les travaux dès le principe (VIGNON. *Études historiques sur l'administration des voies publiques en France aux dix-septième et dix-huitième siècles.* Paris, 1862. Tome I, p. 96 et *Pièces justificatives,* p. 346.)

l'ordre des Frères prêcheurs, appelé de Hollande sur la réputation que lui avait faite la construction du pont de Maëstricht. Le devis, reproduit par Gautier dans son *Traité des ponts* (nouvelle édition, Paris, 1728), est daté du 5 janvier 1685 [1]. L'adjudication, approuvée le 10 mars suivant, fut passée, moyennant 675 000 livres, au profit de Jacques (IV) Gabriel, architecte du Roi, entrepreneur des bâtiments de Sa Majesté, qui avait pris une grande part aux travaux du palais de Versailles [2], et dont le fils, Jacques (V) Gabriel, architecte renommé, devenu Premier Ingénieur des Ponts et Chaussées, donna les dessins et dirigea la construction du pont de Blois. Les cautions de l'entrepreneur du Pont Royal furent : Pierre de Lisle, architecte du Roi, son beau-frère, et Ponce Cliquin, charpentier des bâtiments du Roi [3]. La première pierre fut posée le 26 octobre 1685, dans la neuvième assise de la première pile de rive droite, par le Prévôt des marchands et les Échevins de la ville de Paris.

Jacques (IV) Gabriel étant mort le 18 juillet 1686, environ seize mois après le commencement des travaux, ceux-ci furent continués par sa veuve, Marie de Lisle, assistée de son frère Pierre de Lisle. Marie de Lisle aurait voulu se faire décharger de l'entreprise du Pont Royal, mais elle ne put y parvenir ; elle dut poursuivre les travaux jusqu'à l'entier achèvement du pont. La construction fut menée avec une rapidité extraordinaire pour l'époque. Dès la fin de 1687, au bout de trois ans, elle était à peu près terminée, puisque, en cette année, furent sculptées les armes de France sur la clef de l'arche centrale. Toutefois la réception définitive n'a été faite que les 13 et 14 juin 1689 par Libéral Bruant, architecte de Sa Majesté, assisté de Louis Goujon, expert juré, bourgeois de Paris. Elle fut ratifiée par arrêt du Conseil d'État, le 20 septembre 1689.

Le compte des dépenses de l'entreprise est établi comme il suit dans le Registre des Ponts et Chaussées de 1689 [4].

1. Cette date est donnée par FÉLIX ROMANY, dans sa *Notice sur les ponts de Paris* (*Annales des Ponts et Chaussées*, 1864, 2ᵉ sem., p. 150). Elle était inscrite sur l'exemplaire du devis conservé dans les Archives du service des ponts de Paris, archives détruites en 1871 dans l'incendie de l'Hôtel de Ville. On la retrouve sur une soumission conservée à l'École des Ponts et Chaussées, où le devis est accompagné d'une série de prix. Le devis imprimé du traité de Gautier ne porte point de date.
2. « Plusieurs des plus habiles architectes se présentèrent pour cette importante entreprise. Mais le sieur Gabriel avait donné tant de preuves de la supériorité de son génie dans cet art, et son expérience avait tant de fois paru dans les bâtiments du Roy, élevés sous sa conduite, qu'il fut préféré à tous les autres.... » *Note conservée aux Archives de la Bibliothèque de l'École des Ponts et Chaussées*, MS. 2234.
3. MADAME DESPIERRES. *Les Gabriel. Recherches sur les origines provinciales de ces architectes*, insérées dans la *Réunion des Sociétés des Beaux-Arts des Départements*, 1895, p. 484 et suiv.
4. VIGNON. *Études historiques*, Tome 1, p. 96, et *Pièces justificatives*, p. 360. Les renseignements relatifs aux dépenses du pont des Tuileries sont empruntés aux *Registres des fonds des Ponts et Chaussées de France pour les 18 années de 1683 à 1700*, consistant en 12 volumes petit in-fol. reliés en veau rouge, donnés par les héritiers de Prony à la bibliothèque de l'École des Ponts et Chaussées.

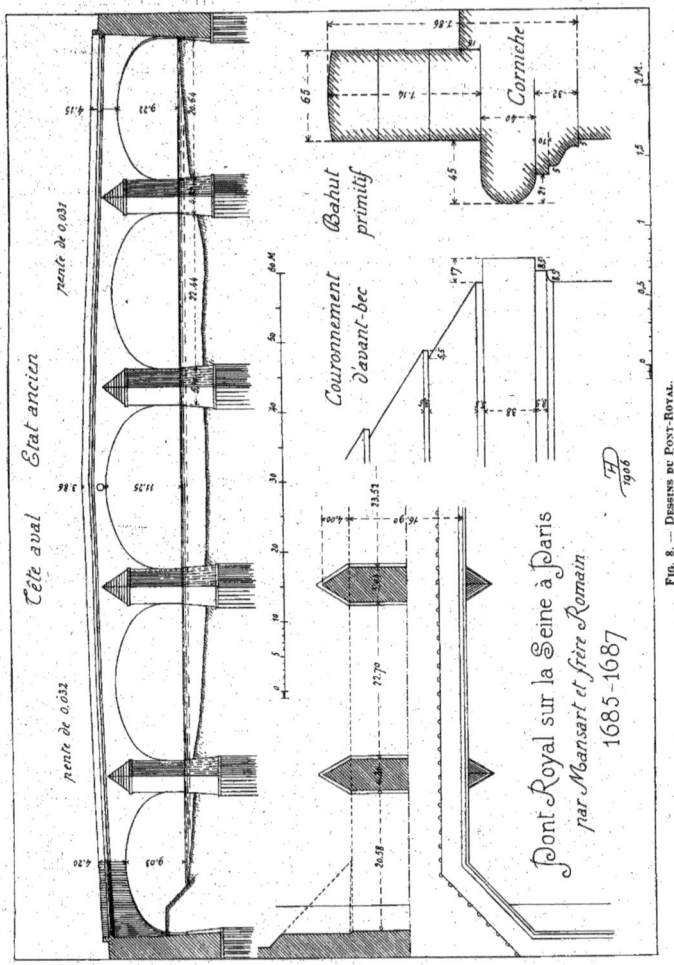

Fig. 8. — Dessins du Pont-Royal.

Le prix du marché (avec pilotage des culées) est de 675 000

Les augmentations prétendues par les entrepreneurs, montant à 163 316 livres,
ont été réglées par la réception à 67 171.11

Total des ouvrages à l'entreprise. 742 171.11

A quoi il faut ajouter 22 328ˡ 18ᵉ pour dépenses diverses, notamment pour appointements d'un inspecteur général et de plusieurs inspecteurs des travaux, en sorte que la dépense totale du pont monte à 764 500ˡ 9ᵉ.

Ayant ainsi donné les renseignements historiques relatifs à la construction du Pont Royal, passons à l'examen des proportions et des procédés d'exécution de cet édifice, en faisant ressortir les traits originaux qui lui ont valu de servir d'exemple aux ingénieurs du dix-huitième siècle.

Dimensions, proportions. — Le Pont Royal comprend cinq arches, mesurant en ouverture, d'après le devis : l'arche centrale, 72 pieds (23ᵐ40); les arches de rive, 64 pieds (20ᵐ,80); les arches intermédiaires, 69 pieds (22ᵐ,42). L'épaisseur des piles est uniformément réglée à 14 pieds (4ᵐ,55).

Les dimensions réelles diffèrent quelque peu de celles prescrites par le Devis ; les écarts en plus ou en moins atteignent 0ᵐ,27 pour les ouvertures des arches. Ces irrégularités sont peu de chose relativement à celles qu'on observe dans les grands ponts construits antérieurement : le Pont-Neuf, le pont Marie, l'ancien pont Saint-Michel. Elles n'empêchent pas le Pont Royal d'avoir, à quatre centimètres près, le débouché linéaire de 56 toises 2 pieds, prévu au Devis.

L'écart est plus marqué pour l'épaisseur des piles, qui devrait être de 4ᵐ,55 (14 pieds), et qui s'élève, en réalité, à 5ᵐ,04 et 5ᵐ,10, pour les piles du milieu, et à 4ᵐ,82 et 4ᵐ,86 pour les piles de rive. Le surcroît d'épaisseur d'un pied et demi des piles de l'arche principale, et celui d'un pied des piles de rive, ne sauraient provenir d'une erreur ou d'une négligence. Il n'est pas douteux qu'on n'ait volontairement grossi les piles; aussi bien a-t-on grossi davantage celles qui soutiennent les plus grandes voûtes.

Il advient, par suite de cette modification, que le rapport de l'épaisseur des piles à l'ouverture des arches, au lieu d'être d'environ 1/5 pour l'arche centrale, ainsi qu'il résulterait des cotes du devis, monte, pour cette arche, à $\frac{1}{1,66}$. Dans les trois ponts parisiens précités, ce même rapport se tient aux alentours de 1/4. On constate donc, quant à la hardiesse de la construction, un notable progrès au Pont Royal. La proportion de 1/5, fixée dans le projet de ce pont, fut, dans la suite, couramment adoptée par les constructeurs.

Les voûtes, à profils d'anses de panier surbaissées au tiers (24 pieds de flèche pour 72 pieds d'ouverture à l'arche centrale et mêmes proportions aux autres arches), sont appareillées en tas de charge; elles ont leur naissance à 9 pieds au-dessus des basses eaux. Au Pont-Neuf, dans son état ancien, au pont Marie et à l'ancien pont Saint-Michel, on n'avait usé, sauf à l'une des arches du pont Marie, que de voûtes à plein cintre ou en arc de cercle à très grande flèche. La solution adoptée au Pont Royal augmente le débouché superficiel et, réduisant l'étendue des tympans, fait paraître le pont plus léger. On l'a généralement appliquée au dix-huitième siècle[1]. Il en fut de même pour la structure, triangulaire en plan, des avant et arrière-becs et pour la forme pyramidale, avec assises en gradins, de leurs chaperons; mais ces dispositions étaient employées bien avant la construction du Pont-Royal.

Mentionnons encore, à titre de progrès, la grande largeur donnée au pont : 5 toises à la chaussée, 9 pieds à chaque trottoir, 2 pieds au parapet, en tout 8 toises 4 pieds (16^m,90) d'une tête à l'autre. Il est vrai que les ponts parisiens précédemment cités étaient encore plus larges; mais ils portaient ou devaient porter deux rangs de maisons, tandis que le Pont-Royal était entièrement destiné à la circulation. A son exemple, les grands ponts du siècle suivant, les ponts de Blois, d'Orléans, de Tours, de Neuilly, de la Concorde, mesurent aux environs de 15 mètres entre les têtes.

L'un des caractères originaux du Pont Royal consiste dans la sobriété de sa décoration, réduite au très simple cordon de couronnement des arches. Le robuste boudin, qui constitue la partie essentielle de ce couronnement, a fait fortune par la suite; on le retrouve, associé, comme au Pont-Royal, à une moulure de soutien, quart de rond, cavet ou talon, dans la plupart des ponts du dix-huitième siècle.

Le contraste est frappant entre la sévérité des formes du Pont-Royal et les recherches décoratives des ponts de la Renaissance, bâtis dans des villes, tels que le Pont-Neuf, le pont Marie et l'ancien pont Saint-Michel à Paris, le pont de pierre à Toulouse, le pont Henri IV à Châtellerault. Les architectes de la Renaissance traitaient leurs ouvrages en décorateurs; ils revêtissaient leurs ponts d'ornements. L'auteur du Pont-Royal s'est contenté de faire paraître, par leurs contours, les différentes parties de l'édifice. A son exemple, on a généralement renoncé, dans les ponts du dix-huitième siècle, à user d'ornements empruntés à l'architecture civile : corniches à moulures multipliées, avec consoles ou modillons; niches encadrées; figures ou ornements sculptés. Le type du Pont-Royal a prévalu et s'est particulièrement imposé dans la région

---

1. Des arches en anse de panier avaient été construites couramment en France dès le temps de la Renaissance. Le pont Henri IV à Châtellerault (1565-1609) et le pont de pierre à Toulouse (terminé en 1632) ont leurs voûtes courbées en anse de panier.

centrale de la France. Les ponts de Gabriel, de Hupeau, de Bayeux, sont conformes à ce type, dont l'usage s'est aussi répandu dans les autres parties du royaume.

La même différence de caractère, qui existe entre les élégantes façades de la fin du seizième siècle et les simples et mâles ordonnances de la seconde moitié du règne de Louis XIV, se retrouve dans les ponts de ces deux époques. Et cette différence d'expression ne tient nullement à quelque changement survenu dans l'origine ou l'éducation des constructeurs de ponts. La distinction entre architectes et ingénieurs n'existait encore, ni à l'une, ni à l'autre de ces époques. Mansard et Gabriel, qui firent les dessins du Pont-Royal et du pont de Blois, n'étaient pas de moins excellents architectes, ni de moins habiles décorateurs que Baptiste Du Cerceau et Jacques Lemercier, auxquels on attribue les dessins du Pont-Neuf de Paris et du pont de pierre de Toulouse. C'est donc bien à des artistes qu'est due, par suite d'un revirement de goût, l'accession de l'architecture des ponts aux formes simples et rationnelles dont le Pont-Royal offre, à raison de sa date et de son importance, l'exemple le plus remarquable.

Cependant le Pont Royal se rattachait encore aux ponts de l'époque antérieure par la grande épaisseur des voûtes, qui atteignait, comme dans les trois ponts parisiens de la Renaissance, environ deux mètres à la clef. Cette épaisseur a été réduite d'un tiers par un abaissement de la chaussée et du cordon, opéré, vers 1838, pour diminuer la raideur des accès.

Nos dessins représentent le Pont-Royal dans son état ancien, avant l'abaissement de la chaussée. Les larges trompes d'ébrasement, soutenant les pans coupés à 45 degrés, qui raccordent le pont avec les quais, ne sont pas mentionnées dans le Devis primitif. Aussi serait-on porté à les tenir pour des ouvrages surajoutés, d'autant que, de l'intrados de l'arche à celui de la trompe, il existe un ressaut, qui paraît annoncer deux constructions distinctes. L'application sur les parois des voûtes d'un revêtement en ciment de Portland masque d'ailleurs l'appareil de ces parois, en sorte qu'on ne saurait, dans l'état actuel, reconnaître, par l'examen de la structure, si les trompes furent bâties avec ou après les arches.

Mais, grâce aux observations faites par M. l'ingénieur en chef Résal, chargé des ponts de Paris, cette incertitude n'existe plus. M. Résal a constaté que les assises des voûtes se continuent dans les trompes, nonobstant les ressauts situés à la jonction, et que la qualité des maçonneries est partout la même ; d'où résulte, sans aucun doute possible, que les trompes sont contemporaines des arches.

Peut-être l'existence des ressauts tient-elle à ce que les trompes, qui n'étaient pas prévues au projet — puisqu'il n'en est pas question dans le Devis, — furent ajoutées en cours d'exécution, au moment de construire les voûtes, alors que les piédroits de celles-ci avaient reçu, par rapport aux murs en aile, suivant un usage très fréquent, une saillie, correspondante aux piles, qu'on dut ensuite prolonger dans les voûtes.

Construction. — Les fondations des ponts de la Renaissance laissaient beaucoup à désirer, au témoignage des fréquentes avaries que la plupart d'entre elles ont éprouvées. Les fondations du Pont-Royal sont, au contraire, restées, jusqu'à ce jour, en excellent état, quoique le resserrement du fleuve, plus prononcé sous ce pont qu'en aucun autre point de la traversée de Paris, les exposât davantage au danger des affouillements. On ne connaît les dispositions et le mode d'exécution de ces fondations que par le Devis du 5 Janvier 1685. Aussi bien les renseignements fournis par ce document sont-ils ceux qu'il nous importe surtout de connaître, comme étant les plus propres à nous instruire sur les conditions qu'on se proposait d'obtenir et sur les moyens dont on disposait pour les réaliser.

La principale condition à remplir, pour prévenir les accidents dont avaient tant souffert les ponts plus anciens, était d'empêcher le déchaussement des maçonneries de fondation, en les enfonçant d'une quantité suffisante au dessous du plan des basses eaux. Le Devis en fixe la profondeur à 15 pieds. C'est à cette distance du niveau d'étiage qu'on a jugé utile de descendre la plate-forme en charpente coiffant les pieux de fondation. Ceux-ci, mesurant dix à douze pouces de diamètre, sont plantés serré, à raison de dix-huit par toise carrée (soit à $0^m,46$ d'axe en axe). On les a enfoncés à l'aide de sonnettes à tiraudes, et garnis, dans leurs intervalles, de moellons battus à la hie.

Pour fixer les plates-formes de fondation à 15 pieds de l'étiage, il fallait épuiser à cette profondeur, ce qui nécessitait la construction de batardeaux très robustes. Ceux prévus au Devis ont 9 pieds d'épaisseur de glaise *ou plus si besoin*. Les vannes contenant ce corroi s'appuient contre deux cours de pieux, espacés de 2 à 3 pieds dans chaque cours, reliés entre eux et consolidés par des liernes, entretoises et contre-fiches, le tout aux risques de l'entrepreneur.

Ces dispositions ne laissèrent rien à désirer, témoins l'immuable assiette du pont et sa rapide exécution. Devenues classiques à la faveur d'un tel succès, elles furent, dans la suite, constamment appliquées jusqu'à l'introduction de nouvelles méthodes de fondation[1]. On estima toutefois qu'il y avait excès de pré-

---

[1]. Le Devis du pont de Blois reproduit presque littéralement celui du Pont-Royal, en ce qui concerne la structure des batardeaux, l'équarrissage, l'espacement et le battage des pieux de fondation.

caution dans le fait de descendre la plate-forme de fondation jusqu'à 15 pieds sous l'étiage. On se contenta, au pont de Blois et dans les ouvrages subséquents, de l'établir, en général, à 5 ou 6 pieds de profondeur ; mais il fallut alors user de crèches ou d'enrochements pour défendre les pilotis.

Selon Gauthey[1], de grandes difficultés, survenues dans la fondation de la première pile de rive droite, auraient motivé l'intervention du frère Romain. Celui-ci, dit Gauthey, « après avoir préparé le terrain de la fondation à l'aide de machines à draguer, dont il passe pour avoir le premier fait usage, fit échouer sur ce plat-fond un grand bateau marnois rempli de matériaux, et l'entoura de pieux battus sous l'eau et d'une jetée de pierres. On forma ensuite une espèce de caisse ou crèche, contenant des assises de pierre crampsonnées, attenantes à ses parois ; et, après qu'elle eut été immergée et consolidée par de longs pieux de garde, on remplit les vides, que laissaient entre eux les parements, avec des moellons et du mortier de pouzzolane, que l'on employa pour la première fois à Paris ».

D'après ce récit, frère Romain aurait introduit en France l'usage de la drague et celui de la pouzzolane et, de plus, aurait inventé les fondations par caissons, invention dont il serait dès lors faussement fait honneur à l'ingénieur suisse Labélye, qui passe pour avoir inauguré ce système de fondations au pont de Westminster, un demi-siècle après la construction du Pont-Royal. Mais la narration de Gauthey est fortement infirmée par le fait que frère Romain se trouvait à Paris dès le commencement des travaux du Pont-Royal, et que, dès lors, il ne saurait y avoir été appelé à l'occasion d'un accident grave survenu en cours d'exécution. Il faut remarquer aussi qu'un pareil accident s'accommoderait mal avec la très rapide construction du pont.

Le Devis du Pont-Royal spécifie rigoureusement la nature et le mode d'emploi des matériaux. On emploiera : la pierre dure de Saint-Cloud au-dessous des basses eaux ; la pierre dure de Bagneux, aux piles jusqu'aux naissances des voûtes, à leurs becs et chaperons, aux têtes des voûtes et à leurs tympans, aux cordons de couronnement, parapets et bordures de trottoirs ; la pierre de Vergelé au corps des voûtes ; les moellons de Vaugirard ou du faubourg Saint-Jacques aux remplissages des piles et des culées.

Les piles, depuis les plates-formes de fondation jusqu'aux naissances des voûtes, leurs becs et leurs chaperons sont maçonnés avec du mortier de chaux et de ciment « composé de 2/5 de bonne chaux de Melun et de 3/5 de tuiles ou tuileaux (et non de briques), le tout bien broyé et incorporé l'un avec l'autre ». On prescrit, dans les autres maçonneries, le mortier de chaux et de

---

[1]. *Traité des Ponts*, Tome 1, p. 69.

sable, au dosage de 2/5 de chaux de Melun et de 3/5 de sable de rivière[1]. Suivant une pratique restée longtemps en usage, les pierres formant les parements des piles et des culées sont liées ensemble par des crampons en fer.

A la suite du Devis sont énoncés, en quatorze articles, les ouvrages de l'entreprise. Chaque concurrent préparait une soumission en inscrivant un chiffre en regard de chacun de ces articles. On prononçait l'adjudication d'après l'examen comparatif des soumissions. Cette méthode est encore en usage aujourd'hui dans la Compagnie du chemin de fer de Paris-Lyon-Méditerranée.

Il a fallu, pour réduire à quatorze prix de série l'estimation de tous les ouvrages d'un pont, comprendre plusieurs de ces ouvrages dans un même prix. Les maçonneries sont payées à la toise cube, compris taille des parements, jointoiement, ragréement; compris encore, pour les piles, les crampons de liaison des pierres et les boucles d'amarrage, et, pour les voûtes, la chape qui les couvre en partie, ainsi que la fourniture, la pose et la démolition des cintres. C'est également à la toise cube que sont payés les pilotis, mesurés tant plein que vide, plate-forme comprise, et aussi les batardeaux, évalués d'après le volume de la glaise, avec fourniture et façon des boisages, fourniture d'engins et de main-d'œuvre pour les pilotages et les épuisements, démolition et nettoyage du fond. En un mot, tous les faux frais et le coût de tous les ouvrages auxiliaires ou accessoires sont compris dans les prix des ouvrages achevés.

Les prix, portés à la suite du Devis conservé à l'École des Ponts et Chaussées, sont ceux offerts par les nommés Lembert, Cliquain, Alix et Beausire, à l'adjudication du 5 janvier 1685. Ce ne sont pas les prix du marché approuvé, puisque les entrepreneurs qui les ont proposés ne furent point déclarés adjudicataires. Nous les citerons néanmoins, faute de connaître ceux consentis par Gabriel.

	L.
Pour chaque toise cube des batardeaux, mesurés sur les longueurs, largeurs et hauteurs dans œuvre des glaises.	110
Pour chaque toise cube de pilotis, tant plein que vide, du dessus des plates-formes en bas, sur longueur réduite	120
Pour chaque toise cube des massifs des piles, culées et avant-becs, sur longueurs et épaisseurs réduites et sur hauteurs comprises entre le dessus des plates-formes et la naissance des voûtes	250
Et les culées sur leurs longueurs réduites, leurs hauteurs comme ci-dessus et leurs épaisseurs réduites	250
Et le surplus de la hauteur des avant-becs.	250
Pour chaque toise cube des voûtes et remplage des reins, compris la chape en ciment.	175
Pour chaque toise courante de cordon	60

[1]. Il résulte des observations faites en 1891 par M. l'ingénieur en chef Résal, que les mortiers des voûtes sont de dureté très inégale et qu'ils remplissent très imparfaitement les joints.

	L.
Pour chaque toise superficielle des murs d'appui	120
Pour chaque toise superficielle des murs de banquettes (bordures de trottoirs)	120
Pour chaque toise superficielle des marches de descente des extrémités du pont	42
Pour chaque toise cube des maçonneries de moellon, tant au-dessous du pavé des banquettes qu'au derrière des culées	50
Pour chaque toise superficielle de gros pavé	10
Pour chaque toise superficielle du pavé des banquettes	8

Si l'on compare entre elles l'adjudication du Pont-Royal et celle du pont de Blois, on constate qu'elles ont été faites dans les mêmes conditions. Toutefois le nombre des articles de la Série de prix a été augmenté au pont de Blois : on l'a porté à 22 ; mais la spécification des principaux ouvrages est restée semblable à celle des articles de la Série de prix du Pont-Royal, à cela près que les épuisements, réglés à forfait, sont payés à part.

Ainsi l'influence exercée par le Pont-Royal ne s'est pas fait sentir seulement dans les formes et le mode d'exécution des ponts construits par la suite ; elle apparaît aussi dans la rédaction des projets. Cette influence a été considérable ; il est beaucoup question du Pont-Royal, au dix-huitième siècle, dans les discussions et les écrits relatifs à la construction des ponts. Mansard, pour la forme, frère Romain, pour les procédés d'exécution, en ont fait un ouvrage très avancé pour son temps. La collaboration d'un architecte de premier ordre et d'un moine, continuateur expérimenté des frères pontifes, a créé le type d'où procèdent la plupart des grands ponts bâtis, au dix-huitième siècle, dans la région centrale de la France.

www.ingramcontent.com/pod-product-compliance
Lightning Source LLC
Chambersburg PA
CBHW061622040426
42450CB00010B/2625